# CECI

# TUERA

## CELA

PARIS

E. DENTU, LIBRAIRE-ÉDITEUR

Palais-Royal, 13 et 17, galerie d'Orléans

1861

# CECI TUERA CELA

## II

Les nations comme les individus semblent en proie à une inquiétude vague. De toutes parts on pressent quelque grand évènement ou quelque grande catastrophe.

C'est que l'Europe est travaillée aujourd'hui comme l'était la France aux approches de 1789. — L'idée chrétienne reprend son empire : Ceci tuera cela.

En 1789, un seul peuple se réveillait. En ce moment, ce sont tous les peuples qui se réveillent. — Le droit des peuples se dresse hardiment devant le droit prétendu divin. Une lutte suprême se prépare. Le résultat n'en saurait être douteux. Les monarques intelligents ont un grand et magnifique rôle à jouer dans cette transformation qui, s'ils voulaient l'arrêter, se ferait malgré eux et contre eux. Leurs peuples seront fiers de les avoir à leur tête. Les autres peuples, les peuples opprimés, leur tendront les bras et les couvriront de leurs bénédictions.

Quant aux princes qui se croient maîtres absolus et propriétaires de leurs sujets, ceux-là disparaîtront dans la débâcle. — Alors, seulement, nous aurons la paix, une paix féconde qui permettra à tous les peuples de se connaître et de s'aimer. — Ayons donc foi dans l'avenir, car, je le répète : ceci tuera cela.

## III

Tant que le gouvernement actuel n'a pas existé à l'état de fait accompli, je l'ai combattu dans la mesure de mes forces. — Je ne lui reproche pas sa volonté énergique : la république vivrait encore si elle eût fait comme lui.

Puisque le gouvernement actuel est fait, aidons-le à bien faire. — Arrière les coalitions de partis, mariages monstrueux et stériles. Soit que nous préférions un garçon, soit que nous préférions une fille, acceptons l'enfant que Dieu nous donne, si cet enfant est bien de nous. Elevons-le dans nos idées, affermissons-le dans nos principes, dans ces principes que nous tenons nous-mêmes de nos pères : les principes de 89.

1861

Le gouvernement actuel s'est posé brusquement, mais il ne nous a pas été imposé par l'étranger en humiliation d'une défaite. Le gouvernement actuel a donné une solennelle consécration à nos principes en faisant appel au suffrage populaire, au suffrage universel. — Acceptons franchement cette origine. Ne disons pas du suffrage universel ce qu'en disent les partisans du droit divin. Le suffrage universel, c'est vous, c'est moi, c'est tout le monde. — Le suffrage universel peut faire un empereur comme il peut faire un président. Ce qu'il fait, nous devons le respecter. Il n'y a pas un suffrage universel à prendre et un suffrage universel à laisser. On ne biaise pas avec un principe.

• Donc, nous avons pour base les principes immortels de 1789, et pour moyen pratique, pour sanction, le suffrage universel.

Si avec cela nous n'arrivons pas à faire de la France une nation forte, riche et heureuse, c'est qu'il nous manquera l'envie de bien faire ou la capacité.

### III

En présence des légitimistes, qui ne se consoleront jamais d'avoir perdu leurs privilèges ; en présence des ultramontains, qui n'aimeront jamais que les légitimistes, parce qu'avec les légitimistes seuls ils peuvent gouverner ; en présence des orléanistes, que le suffrage universel a détrônés, car ils n'étaient guère plus de soixante à régner par chaque canton de quinze mille habitants ; en présence des démocrates, qui demandent de la *liberté* toujours et quand même, et qui ont poussé l'amour de la *liberté* jusqu'à se faire dévorer en 1848, par la *liberté de la presse* ; en présence de tous ces partis, le gouvernement impérial hésite, car il sent qu'il ne peut s'appuyer franchement sur aucun. Au milieu de ces hésitations il semble vouloir renverser le lendemain ce qu'il a édifié la veille. Ces contradictions, apparentes ou réelles, nuisent à la confiance, nuisent aux affaires, nuisent au gouvernement, nuisent à la marche ascendante du progrès.

Les partis les plus favorisés par le gouvernement sont ceux qui se montrent le plus hostiles. Ainsi, le gouvernement impérial a réintégré le pape à Rome et l'y a maintenu. Le gouvernement impérial a bâti des églises, doté et restauré des cathédrales, attaché sur mainte soutane

le ruban de la Légion-d'Honneur ; qu'en a-t-il retiré ? —
Les mandements des évêques et les journaux ultramontains sont là pour le dire.

Le gouvernement impérial a laissé dans leurs hauts
emplois, dans leurs places lucratives, dans leurs dignités
honorifiques tous les légitimistes et les orléanistes qui
ont eu la prudence de ne pas courir au-devant de leur
destitution. Légitimistes et orléanistes ont même trouvé,
grâce à l'appui du gouvernement impérial, des places au
Sénat et au Corps législatf. — Ce sont eux qui sont maires
et adjoints dans la plupart des communes de France. Ce
sont eux qui occupent les petites et les grandes issues qui
conduisent au pouvoir. — Eh bien ! qu'ont fait les légitimistes et les orléanistes ? Ils n'ont eu rien de plus pressé
que d'aller se jeter dans la coalition ultramontaine dirigée
contre le gouvernement d'abord, contre la France ensuite. Avouons toutefois que si l'ingratitude est un produit spontané du cœur de l'homme, elle pourrait avoir ici,
jusqu'à un certain point, sa raison d'être, sinon sa justification. — Le gouvernement impérial a fait, des légitimistes et des orléanistes, des serviteurs bien traités, mais
il n'en a fait que des serviteurs. Si bien traité que l'on
soit comme serviteur, on aime mieux être maître, surtout
quand on l'a déjà été. Telles sont les considérations qui
justifient, jusqu'à un certain point, comme je l'ai déjà
dit, l'ingratitude des légitimistes et des orléanistes. Cette
justification est faible, je l'avoue, mais enfin, si ces messieurs n'en ont pas d'autre, il faut bien la leur laisser.

Mais si le gouvernement impérial a prodigué ses faveurs au clergé, aux légitimistes et aux orléanistes, il a,
en revanche, sévèrement traité les républicains, les socia-
listes, tous les démocrates enfin. — Qui aime bien châtie
bien. Le gouvernement proclamant les principes de 89 et
le suffrage universel aimait évidemment les démocrates.

IV

Les démocrates ne diffèrent pas seulement des légitimistes et des orléanistes en ce que ceux-ci ont reçu toutes
les faveurs du gouvernement, tandis qu'eux ont plus par-
ticulièrement connu ses rigueurs. Ils en diffèrent encore,
et principalement surtout, en ce que les principes de 89,
les principes du gouvernement, sont les leurs, tandis que
ces mêmes principes sont radicalement destructifs des

chartes légitimistes et orléanistes. — Voilà ce qui explique pourquoi les partis favorisés sont hostiles au nouvel ordre de choses et pourquoi je propose au parti non favorisé d'apporter à ce nouvel ordre de choses son concours sincère et intelligent.

Le gouvernement, de son côté, doit comprendre que les partis repoussés en 1830 et en 1848 vivront à perpétuité parallèlement au sien tant qu'il sera le premier à leur procurer ou à leur laisser des moyens d'influence. — Il doit comprendre encore que l'empire, et même la nation, peuvent succomber sous des révolutions et des coalitions, si ces révolutions et coalitions restent possibles par la conservation de l'influence des anciens partis et par l'espérance des prétendants. — Le gouvernement doit comprendre enfin que, restant sincèrement et loyalement fidèle à son programme et aux principes de 89, il aura pour lui la démocratie toute entière, cette démocratie qui fait, selon qu'elle est ou n'est pas satisfaite, la force ou la faiblesse des gouvernements.

**V**

Ainsi, d'une part, les démocrates doivent aider le gouvernement à marcher en avant dans la voie que lui-même a choisie.

Ainsi, d'autre part, le gouvernement doit s'appuyer sur les démocrates, et rien que sur les démocrates, parce que de tous les partis le parti démocratique est le seul qui admette et qui puisse admettre ses principes : les principes de 89.

Si quelques démocrates me répondent qu'ils veulent tout de suite tout ou rien, je leur laisserai la liberté d'aller s'allier aux partis qui ont été, qui sont et qui seront éternellement les ennemis jurés de la démocratie ; mais je leur dirai : — Vous n'êtes pas prêts à gouverner et vous ne savez pas gouverner, vous l'avez prouvé. — Apprenez ce que vous ne savez pas ; semez avant de vouloir faire la moisson. Travaillez hardiment, sans égoïsme, à faire régner dans le monde entier les principes que vous affirmez être les vôtres, — et, — si vous ne récoltez pas du premier coup une moisson sans mélange, parce que les anciens partis vont vous disputer le terrain pied à pied, vos enfants récolteront.

## VI

Les coalitions de partis, dans un État, contre le gouvernement de cet État, sont quelquefois de terribles malices, mais ce sont toujours de grandes absurdités.

Sous Louis-Philippe, diverses nuances de députés se coalisaient presque périodiquement pour renverser le ministère. Le résultat de cette haute politique fut ce qu'il devait être ; tous ces bons satisfaits de Louis-Philippe réussirent, sans le vouloir, à renverser son gouvernement.

Les mêmes causes produisant les mêmes effets, les coalitions contre les gouvernements renversent quelquefois les gouvernements contre lesquels elles sont dirigées, mais elles renversent les nations avec eux. Nous nous souvenons de 1815.

Donc, à bas les coalitions et vive la France, qui peut faire elle-même ses affaires ! vive le suffrage universel !

## VII

Les démocrates, par excès de puritanisme, se sont écartés, sous tous les gouvernements, des honneurs, des emplois et des dignités.

Qu'en est-il résulté ?

C'est que le jour où ils ont été appelés aux affaires, le jour où ils auraient dû être en état de servir leur pays, une chose essentielle leur manquait : la connaissance des affaires.

Dans les ministères, dans les préfectures, dans toutes les administrations, petites et grandes, c'était, la plupart du temps, le chef de bureau ou un employé quelconque, — un homme qui devait tout au pouvoir déchu, — que le nouveau ministre, préfet ou administrateur, était obligé de prendre pour conseiller et pour guide. — Cet employé pouvait-il, en bonne conscience, enseigner à son nouveau chef la lecture de livres ou de choses pouvant compromettre ses anciens protecteurs ? — Certes, un citoyen doit tout à son pays ; il lui doit surtout la vérité quand on ne lui demande que cela ; mais en France on est ainsi fait : quels que soient les devoirs d'un citoyen, on traitera toujours avec indulgence quiconque refusera de sacrifier son bienfaiteur à son devoir.

Si les républicains arrivaient nouveaux aux affaires, en revanche, tous les bureaux, toutes les administrations étaient peuplés d'employés créés et formés par les gouvernements déchus.

Ces employés pouvaient être des gens fort honorables, mais ce n'était pas des républicains; ce n'était pas des hommes intéressés à soutenir et à faire vivre le régime nouveau : au contraire. — Je sais bien qu'à cette époque ont surgi les républicains du lendemain, plus honnêtes, plus vertueux et plus dévoués que ceux de la veille; mais c'est des républicains de la veille que je m'occupe, et ils étaient rares dans l'administration.

L'insuffisance des républicains a été assurément l'une des principales causes de leur faiblesse et de la chute de la république.

VIII

On a de singulières invectives ou de singulières justifications pour les hommes qui servent leur pays sous un gouvernement qui n'a pas leurs principes. Selon les uns, ce sont des hommes vendus. Quand ce gros mot est lâché, il n'y a plus rien à dire; la question est élucidée, discutée et vidée. Il faut avoir le cerveau bien étroit pour ne pas comprendre que c'est une affaire jugée en dernier ressort.

Selon d'autres, ce sont des hommes habiles qui savent faire des restrictions mentales, et qui ont l'adresse de prêter un serment qu'ils jurent tout bas de ne jamais tenir. — Je ne sais trop s'il vaut mieux être vendu qu'habile ou habile que vendu. Ce que je puis dire, c'est que je n'aime pas les restrictions mentales. — En tout état de choses, un serment est une action sérieuse, un engagement obligatoire. Celui qui entre dans une administration ne doit pas y entrer pour la combattre, mais pour l'éclairer et la diriger selon son talent et ses moyens. Demander l'hospitalité dans une maison et profiter de cette hospitalité pour assassiner ses hôtes me paraît, malgré toutes les restrictions mentales du monde, monstrueux et impardonnable. Que ce soit habile, je le veux bien, mais on ne me contestera pas que ce ne soit criminel.

Le serment oblige à respecter le gouvernement à qui on le prête; mais il n'oblige pas à le mal servir, c'est-à-dire à le servir aveuglément. Ce n'est pas manquer à son serment que de chercher à remettre le gouvernement dans sa voie s'il vient à s'en écarter. — Que de gouvernements seraient encore debout, aimés et estimés, si, au lieu de flatteurs, au lieu de serviteurs aveugles, ils avaient eu pour auxiliaires des serviteurs intelligents. Le progrès obtenu par ces moyens pacifiques n'en serait pas moins précieux pour nous. — Les révolutions sont des remèdes extrêmes qu'il faut employer, malheureusement, quelquefois, mais qui désolent toujours les pays où elles se font. — Quant aux employés, assermentés ou non, d'un gouvernement, ils doivent, comme les pilotes et les matelots des vaisseaux armés en guerre, ne s'occuper que du salut du navire, à moins qu'une nécessité suprême ne les oblige à prendre part au combat.

## IX

Si l'on veut l'avènement de la démocratie, — et je ne demande pas pour cela une forme spéciale de gouvernement, — il faut que la démocratie, toute la première, se décide à le vouloir. Il faut que la démocratie s'instruise dans l'exercice des fonctions publiques, se rende apte et se prépare à participer aux choses du gouvernement.

On trouve extraordinaire, chaque jour, que les places de maires, d'adjoints, de présidents de sociétés ; que la plupart des fonctions honorifiques, en un mot, soient données à M. le comte de ***, ou à M. le baron de ***, ou à M. tel, riche propriétaire, industriel ou rentier, plutôt qu'à tel ou tel modeste citoyen dont la seule recommandation serait la capacité unie à la droiture. On dit que le gouvernement accorde plus à la protection qu'au mérite. — Il y a là une exagération, et, dans tous les cas, une accusation mal fondée. — Le gouvernement, ce que l'on est convenu d'appeler gouvernement, aurait trop à faire s'il devait trier lui-même, un à un, tous ceux à qui il accorde une place ou qu'il revêt d'une dignité. Ce travail se fait dans les bureaux et le gouvernement le signe. Seulement, ce travail se fait le plus souvent en faveur de ceux qui ont des amis dans la place, et le gouvernement, soit qu'il s'en aperçoive, soit qu'il ne s'en aperçoive pas, est assurément le premier à en ressentir les funestes effets. — Donc, si vous voulez l'avènement de la démocratie, c'est à vous, démocrates, à faire arriver vos amis dans la place. Toute la question est là.

## X

Les principes de 1789 étant la charte et le programme du gouvernement impérial, — le suffrage universel étant admis comme sanction de ce programme, — nous n'avons plus qu'à appliquer et à développer les bienfaisantes théories que nous ont légué nos pères. Profitons de ce temps d'arrêt, de ce moment de repos, pour faire comprendre à l'Europe nos principes, nos idées et nos intentions. Disons-lui bien haut, — et ce sera la vérité, — que nous ne voulons ni la soumettre ni la combattre. Disons à tous ces peuples, dont l'amitié égarée ne peut tarder à nous revenir, que notre unique but est de partager avec eux les bienfaits d'une civilisation qui a créé le code des droits de l'homme et du citoyen.

Travaillons à faire une Europe nouvelle, une Europe d'où le droit prétendu divin aura disparu pour faire place au droit des nations, au droit des peuples.

Quand nous en serons là ; quand nos vieux partis se seront fondus dans le parti de la nation ; quand nos prétendants blancs et tricolores n'auront plus ni journaux ni personne pour revendiquer *leurs droits*, — alors — nous demanderons pour nous, pour la France, toutes les libertés que comporte la forme démocratique, —la *liberté de la presse*, par exemple.

## XI

Si jamais gouvernement a été doux, humain, facile, plein de bonne volonté, débonnaire, candide, c'est assurément le gouvernement sorti de la révolution de 1848.

Que n'a-t-on pas dit pourtant de cette pauvre république ? — Elle, à cause de la *liberté*, laissait tout imprimer, tout dire, même ce qui devait la détruire.

Au mot de *liberté*, tout le monde était maître chez elle. Elle ressemblait à ces gens de caractère affectueux, à qui l'on fait faire tout ce que l'on veut, pourvu qu'on les tienne pour de *bons enfants*.

On dit : — Faites des lois contre la presse, mais supprimez les avertissements, supprimez le bon plaisir. — Plus tard.

Est-ce que la Restauration et le gouvernement de Juillet n'en ont pas fait, des lois contre la presse ? Est-ce que ces lois ont empêché la presse de faire la révolution de 1830 et celle de 1848 ?

Un dilettante, sortant un soir de chez un marchand de vins, récriminait beaucoup contre un sergent de ville, parce que celui-ci s'opposait à ce que le dilettante et ses amis donnassent dans la rue, après minuit, un concert gratuit de cors de chasse. — On n'est donc pas libre? s'écriait le musicien.

Non, on n'est pas libre de troubler la tranquillité d'autrui. — On ne doit pas être libre non plus d'attaquer et de renverser ce que la volonté d'une nation a édifié. Voilà ce que la république de 1848 n'a pas su comprendre.

Le joueur de cor de chasse aurait pu soutenir la thèse que l'on soutient encore aujourd'hui. Il aurait pu dire : —Sergent de ville, laissez-nous libres. Nous allons faire de la musique à nos risques et périls. S'il est établi, s'il est prouvé qu'en jouant du cor de chasse toute la nuit nous avons troublé la tranquillité publique, au lieu d'avoir charmé nos auditeurs, vous verbaliserez et les tribunaux nous condamneront.

Ce discours n'eût été ni meilleur ni plus mauvais que ceux que nous avons lus ou entendus au sujet des *avertissements*, et pourtant, les habitants du quartier où cela se passait auraient eu, j'en ai la conviction, la faiblesse d'approuver la mesure arbitraire prise par le sergent de ville : — la condamnation du joueur de cor ne leur eût pas restitué le sommeil perdu.

Oui, la presse est utile, nécessaire, indispensable; oui, les services qu'elle rend sont immenses; oui, les gouvernements doivent la respecter; oui, elle exerce un sacerdoce quand elle défend le faible contre le fort, l'intérêt public contre l'intérêt privé, la vérité contre le mensonge. Oui, je le reconnais, on ne doit limiter qu'avec la plus grande circonspection la liberté d'investigation, de discussion, d'accusation même de la presse. Mais il est un point sur lequel nul gouvernement ne doit transiger : le salut de lui-même. — Tout gouvernement qu'un journal attaque dans son principe, dans sa vitalité, doit supprimer son agresseur. Ce n'est pas là une théorie, c'est une nécessité. Quand on a l'ambition d'exister, il faut avoir le courage et la volonté de pourvoir à son existence. — Et qui mieux que celui que l'on blesse est en état de dire à quel point il est blessé?

La république de 1848 n'a pas duré, parce qu'elle n'a pas

su faire respecter le vote national qui l'avait proclamée ; parce qu'elle n'a pas eu l'énergie de faire une dictature ; parce qu'elle n'a pas su mettre à sa tête un homme capable et hardi, armé de pouvoirs exceptionnels.

La république n'ayant pas osé créer une dictature ; il s'est montré un empereur qui a dû se donner la dictature à lui-même, et que le suffrage universel a approuvé, parce que, si le sentiment public condamne les grandes violences, il applaudit toujours aux grandes mesures. — Dictateur ou empereur, le chef de l'Etat a tenu haut jusqu'ici, l'épée et l'honneur de la France. Craignons qu'il ne faiblisse ! Peut-être n'attend-il qu'une nouvelle acclamation populaire pour marcher en avant. — Sauvons les résultats acquis, sauvons la France. Cela étant, j'ajouterai : Sauvons la dictature en ne la laissant pas rétrograder.

### XII

Je ne veux point entrer dans le domaine religieux, quoique l'on tente de faire entrer la religion dans le domaine politique.

Je voudrais seulement, pour la tranquillité de ma conscience, savoir pourquoi le succeseur de saint Pierre répond *non possumus* à des demandes que l'équité sociale et la justice politique sont forcées de lui adresser, quand saint Pierre lui-même écrivait en ces termes aux chrétiens de son temps dispersés dans l'Asie mineure :

« *Soyez* SOUMIS *à tout ordre humain* pour l'amour du « Seigneur, soit au roi comme à celui qui est au-dessus « des autres, — soit aux gouverneurs comme à ceux qui « sont envoyés de sa part...

« Rendez l'honneur à tout le monde. *Aimez* TOUS vos « frères. *Craignez* Dieu. *Honorez* le roi. »

Pourquoi le successeur de saint Pierre, les prélats et une partie du clergé ne veulent-ils pas se *soumettre à tout ordre humain ?* — Est-ce que la plus précieuse partie du patrimoine de saint Pierre ne consisterait pas en ses leçons et en ses préceptes ?

### XIII

J'ai dit en parlant de la république de 1848 qu'au mot de *liberté* tout le monde était maître chez elle. Dieu sait si l'on en usait ! — Comme dans ces moments-là l'enthousiasme gagne les plus froids et les plus timides ! Il faut voir de quelle rage de liberté sont pris tout à coup les gens les plus hostiles au progrès. N'allez pas dire, vous, démocrates, que la liberté a été le but et l'amour de votre vie. Ah bien oui! ce que vous appelez la *liberté*, c'est la *licence*. La *vraie liberté* ce sont eux qui l'ont toujours défendue aux périls de leurs jours. — Cette chère liberté ! — Ceux d'entre eux qui l'aiment le plus ce sont les hommes du parti ultramontain. Ils l'aiment comme l'avare aime son trésor, à la condition de la garder toute entière pour eux et de n'en jamais détacher une parcelle pour autrui.

Aussi demandent-ils, depuis nombre d'années déjà, la *liberté* de l'enseignement, et, de même qu'une foule de gens honnêtes et modérés repoussaient les modicafitions apportées à notre tarif de douanes, à cause du *libre-échange* d'où ces modifications tiraient leur origine, de même une foule d'écrivains honnêtes et progressifs sont fortement d'avis de se prononcer pour la *liberté* de l'enseignement, parce que, ce faisant, ils se prononceront pour la *liberté*.

Qu'est-ce donc qu'*enseigner*? — Presque rien, une bagatelle ; *enseigner*, c'est *former des citoyens*.

Or, dans un état où les *citoyens* gouvernent eux-mêmes, en quelque sorte au moyen du suffrage universel, former des *citoyens*, c'est exercer la fonction la plus haute, la plus importante de l'Etat.

Ce n'est que cela.

Ces messieurs demandent tout simplement la *liberté* de pétrir de leurs mains toutes les intelligences qui seront appelées à gouverner les générations futures, et même quelque peu la génération présente.

Au nom de la *liberté* hâtez-vous de les satisfaire.

Quelques esprits moroses murmureront sans doute de voir que l'on exige si peu de garanties pour la *production d'un citoyen* quand toutes nos lois sont faites pour assurer à ce *citoyen* des droits immenses et pour lui conserver le respect qui lui est dû. Quelques mauvais plaisants riront même d'une législation qui permettra *d'éditer*, sans contrôle des *citoyens* mal faits, quand on exige un diplôme pour guérir les infirmités privées de ces mêmes citoyens. — Qu'importe ! rira et murmurera qui voudra, on vous demande la LIBERTÉ.

Pourquoi ne pas demander en même temps la *liberté* d'être préfet, procureur impérial, maire, commissaire de police, gendarme ?

Ne rions pas. La question est plus grave qu'on ne le pense.

*L'enseignement* national, — comme la monnaie nationale, — ne doit avoir cours qu'autant qu'il est frappé au coin de l'Etat.

## XIV

Tout le monde prévoit, tout le monde comprend que les principes de 89 doivent remplacer les prétendus principes de droit divin, non seulement en France, non-seulement en Europe, mais dans tous les pays où la civilisation triomphera de la barbarie.

Cela arrivera fatalement quoique l'on dise, quoique l'on fasse.

L'important, pour nous, c'est que cela arrive promptement, car la coalition peut se refaire.

Pour que cela arrive promptement, il faut consolider hautement et ouvertement les résultats acquis en Italie ; mettre fin au provisoire et aux incertitudes qui désolent ce malheureux pays ; retirer nos troupes de Rome ; cimenter, par une alliance offensive et défensive, l'union indissoluble des deux nations ; trouver en Europe une seconde alliance assez sincère pour que la France s'y fie, assez forte pour que la France n'ait plus à craindre les coalitions.

## XV

L'alliance forte qu'il nous faut ne peut avoir lieu qu'avec l'Angleterre ou avec la Russie.

On a dit de l'Angleterre trop de bien et trop de mal.

L'Angleterre n'est ni bonne ni méchante, ni sympathique ni hostile à la France : l'Angleterre est habile.

Isolée comme elle l'est, petite comme elle l'est, ambitieuse comme elle l'est, l'Angleterre n'a jamais pu agir vis-à-vis de nous autrement qu'elle ne l'a fait. Elle nous a fait la guerre, elle nous la fera ; elle nous a trahis, elle nous trahira. Et pourtant elle ne nous en veut pas le moins du monde. Elle s'aime plus qu'elle ne nous aime, voilà tout. — Pouvons-nous lui reprocher ce sentiment si naturel chez tout le monde?

La France, avec son esprit guerrier et remuant, avec ses idées chevaleresques, a toujours porté ombrage aux autres nations. On savait qu'il lui fallait une extension de territoire, que ce territoire elle le prendrait chez quelqu'un : on était sur le qui vive. — On ne s'est pas aperçu, ou l'on n'a pas voulu s'apercevoir jusqu'ici que la France a pris depuis longtemps le territoire nécessaire à son extention... en Algérie; qu'elle n'a plus besoin de le prendre sur le Rhin.

L'Algérie, remarquez-le bien, est à notre porte. La côte africaine, la côte française, les côtes italiennes et espagnoles sont les quatre côtés d'un grand bassin dont on pourrait à la rigueur fermer l'entrée. — L'Algérie et la France ne font donc qu'un seul continent avec un lac intérieur pour port de mer. — On pressent déjà quel immense intérêt ont la France, l'Italie et l'Espagne à être alliées; nous en dirons quelques mots, revenons à l'Angleterre.

L'Angleterre, qui est petite, ne peut pas étendre son territoire; elle est condamnée à rester petite. — Et la France peut s'étendre tous les jours! — Je ne parlerai pas des colonies de l'Angleterre comme ajoutant à son territoire ou à sa force, c'est le résultat contraire qui se produit.

Comment conserver l'équilibre entre une nation grande et forte qui peut grandir encore et une nation petite et, relativement faible, qui a atteint les plus extrêmes limites de sa croissance?

L'Angleterre a parfaitement trouvé la solution de ce problème : — Ne pouvant ajouter à la force du faible, elle a diminué la force du fort. — Ne fait-elle pas cela dans ses courses de chevaux? Ne charge-t-elle pas le cavalier le plus léger pour lui donner le poids du cavalier le plus lourd? — Certes, elle aimerait mieux nous traiter comme le cavalier lourd, à qui l'on n'ôte rien, et se traiter, elle, comme le cavalier léger, à qui l'on ajoute quelque chose; mais, je l'ai déjà dit, cela ne se peut pas.

C'est donc par nécessité, par impérieuse nécessité politique, que l'Angleterre nous trahit de temps en temps. —

Que voulez-vous? Nous avons trop de sève, nous grandissons trop ; il faut bien qu'elle nous affaiblisse. Si elle y manquait une seule fois l'équilibre serait rompu, elle ne serait plus notre égale.

A l'heure qu'il est elle parle peu, mais elle agit bien, allez ! — D'abord, elle nous a forcés à faire la paix de Villafranca pour ne pas tomber dans son filet ; — ensuite, elle a soufflé aux Italiens que nous les abandonnions, que nous les laissions en route ; à ce point que l'un d'eux, en plein parlement, a proposé de répudier l'alliance française pour l'alliance anglaise. On l'a hué, c'est vrai, mais voilà le grain que l'Angleterre sème. — Ce n'est pas tout ; pourquoi, en Allemagne, cette agitation et cette irritation contre nous ? Parce que l'Angleterre appelle ses milices aux armes, fortifie ses côtes, arme ses forts en criant que la France va s'emparer de toute l'Europe.

Que voulez-vous encore une fois ? L'Angleterre joue son jeu. Ce qu'elle fait n'est pas loyal, mais c'est habile. — Ce n'est pas à elle d'ailleurs à prendre nos intérêts, c'est à nous.

Eh bien, ce que nous, nous ne voyons pas assez, c'est le jeu de l'Angleterre. Nous ne comprenons pas assez que l'Angleterre, dans les moments où elle n'a pas besoin de nous faire travailler pour elle, doit nous amoindrir, et nous amoindrit en effet.

Concluons. — Devons-nous avoir pour alliée une nation qui ne peut nous accorder son alliance qu'à la condition de nous affaiblir sans cesse par des désastres successifs ?

Il me semble que nous avons joué assez longtemps ce rôle de dupes, et que nous en avons retiré assez de désagréments, pour aspirer à quelque chose de mieux.

## XVI

A l'alliance anglaise, devons-nous substituer l'alliance russe ?

Pourquoi pas ?

On parle de l'ambition de la Russie depuis Pierre-le-Grand. — La Russie est ambitieuse ? — Et nous donc !

La Russie veut aller jusqu'au Bosphore ? — A sa place, j'aurais exactement la même ambition.

J'y consentirais même sans me mettre à son point de vue, si nous devions de notre côté aller jusqu'au Bosphore aussi.

La Turquie d'Asie ne pourrait-elle pas être confiée à un vice-roi comme l'Egypte ? et ces deux monarques ne pourraient-ils pas relever de la France ?

Où serait le mal ? — Seulement, cela obligerait M. de Lesseps à de nouvelles démarches ; il serait obligé d'avoir une permission de l'empereur Napoléon, pour le percement de l'isthme de Suez.

Il résulterait de cet arrangement un grand bienfait qui serait en même temps un grand acte de justice et d'humanité : on arriverait à ressusciter amicalement, entre alliés, cette sœur de la France qui s'appelait la Pologne, et dont la main serait heureuse de presser la nôtre, quand nous passerions chez elle pour aller faire visite à notre puissant ami de Saint-Pétersbourg. — Je crains bien que sans cela la Pologne ne se relève jamais ! — Ce n'est pas la sympathie anglaise qui y contribuera.

En quoi cette alliance si belle et si féconde compromettrait-elle notre sécurité ? — La Russie serait très-puissante, c'est vrai ; mais la France le serait autant qu'elle.

D'ailleurs, l'Italie et l'Espagne ne pourraient se dispenser dans ce cas, de rester les fidèles alliées de la France. Le salut de l'Occident en dépendrait. Et j'aurais plus de confiance dans une alliance basée sur le salut commun, que sur une alliance basée sur l'égoïsme mercantile d'un voisin, plus habile que dévoué. — En outre, nous donnerions à l'Espagne la clé de Gibraltar, afin de pouvoir faire tranquillement nos petites évolutions en famille. — Le gouvernement espagnol, un peu arriéré dans ses vues et ses idées, renaîtrait à la prospérité, au contact de nos principes qui, de gré ou de force, deviendront d'ailleurs prochainement les siens. Si le gouvernement y mettait obstacle, nous nous entendrions avec la nation, ce qui serait plus facile qu'on ne le suppose à Rome et ailleurs.

Nous resterions pourtant des voisins polis pour l'Angleterre ; nous ferions même toujours des affaires avec elle ; mais nous réduirions le luxe de ses armements militaires. — On lui fixerait un chiffre honnête de vaisseaux pour les besoins de son commerce.

## XVII

On ne manquera pas de me répondre que l'Angleterre est une nation libérale et que la Russie est une nation absolutiste, etc.—Ces vieux sophismes ont déjà induit en erreur des esprits naturellement judicieux. — Je ne crois pas avoir à y répondre, et cela pour deux raisons : —La première, c'est que l'Angleterre n'est pas et ne sera jamais une nation libérale; elle ne le peut pas. Si elle accueille nos proscrits, c'est pour le besoin de sa politique. Rien ne lui plait comme nos révolutions. Nos révolutions nous affaiblissent, et cela lui va. — La seconde raison, c'est que la Russie est entrée d'elle-même et spontanément dans la voie du progrès où elle ira dans un temps plus ou moins long, aussi avant que nous-mêmes.

Le progrès, appuyé sur le droit nouveau des nations substitué au droit prétendu divin, fournira logiquement et complétement sa carrière jusqu'au bout, car

CECI TUERA CELA